LOI DU 30 MAI 1851

ET

RÈGLEMENT DU 10 AOUT 1852

SUR LA

POLICE DU ROULAGE

ET DES MESSAGERIES PUBLIQUES

MIS AU COURANT DE LA LÉGISLATION

et suivis

D'UNE TABLE ALPHABÉTIQUE

Prix : 30 centimes.

PARIS,

LÉAUTEY, IMPRIMEUR-LIBRAIRE,

rue Saint-Guillaume, 23.

—

1877.

LOI
SUR LA POLICE DU ROULAGE
ET
DES MESSAGERIES PUBLIQUES
Du 30 mai 1851.

L'Assemblée nationale a adopté la loi dont la teneur suit :

TITRE PREMIER.

DES CONDITIONS DE LA CIRCULATION DES VOITURES.

Art 1er. Les voitures, suspendues ou non suspendues, servant au transport des personnes ou des marchandises, peuvent circuler sur les routes nationales, départementales et chemins vicinaux de grande communication, sans aucune condition de réglementation de poids ou de largeur de jantes.

2. Des règlements d'administration publique déterminent :

§ 1er. Pour toutes les voitures :

1° La forme des moyeux, le maximum de la longueur des essieux et le maximum de leur saillie au-delà des moyeux;

2° La forme des bandes des roues ;

3° La forme des clous des bandes;

4° Les conditions à observer pour l'emplacement et la dimension de la plaque prescrite par l'art. 3;

5° Le maximum du nombre des chevaux de l'attelage que peut comporter la police ou la libre circulation des routes ;

6° Les mesures à prendre pour régler momentanément la circulation pendant les jours de dégel, et les précautions à prendre pour la protection des ponts suspendus.

§ 2. Pour les voitures ne servant pas au transport des personnes :

1° La largeur du chargement ;

2° La saillie des colliers des chevaux; .

3° Les modes d'enrayage ;

4° Le nombre des voitures qui peuvent être réunies en un même convoi, l'intervalle qui doit rester libre d'un convoi à un autre, et le nombre de conducteurs exigé pour la conduite de chaque convoi; .

5° Les autres mesures de police à observer par les conducteurs, notamment en ce qui concerne le stationnement sur les routes, et les règles à suivre pour éviter ou dépasser d'autres voitures.

Sont affranchies de toute réglementation de largeur de chargement les voitures de l'agriculture servant au transport des récoltes de la ferme aux champs et des champs à la ferme ou au marché.

§ 3. Pour les voitures de messageries :

1° Les conditions relatives à la solidité et à la stabilité des voitures ;

2° Le mode de chargement, de conduite et d'enrayage des voitures ;

3° Le nombre de personnes qu'elles peuvent porter ;

4° La police des relais ;

5° Les autres mesures de police à observer par les conducteurs, cochers ou postillons, notamment pour éviter ou dépasser d'autres voitures.

3. Toute voiture circulant sur les routes nationales, départementales et chemins vicinaux de grande communication, doit être munie d'une plaque conforme au modèle prescrit par le règlement d'administration publique rendu en vertu du n° 4 du premier paragraphe de l'article 2.

Sont exceptées de cette disposition :

1° Les voitures particulières destinées au

transport des personnes, mais étrangères à un service public de messageries;

2° Les malles-postes et autres voitures appartenant à l'administration des postes;

3° Les voitures d'artillerie, chariots et fourgons appartenant au département de la guerre et de la marine.

(Des décrets du président de la République déterminent les marques distinctives que doivent porter les voitures désignées aux paragraphes 2 et 3, et les titres dont leurs conducteurs doivent être munis.)

4° Les voitures employées à la culture des terres, au transport des récoltes, à l'exploitation des fermes, qui se rendent de la ferme aux champs ou des champs à la ferme, ou qui servent au transport des objets récoltés, du lieu où ils ont été recueillis jusqu'à celui où, pour les conserver ou les manipuler, le cultivateur les dépose ou les rassemble.

TITRE II.

DE LA PÉNALITÉ.

4. Toute contravention aux règlements rendus en exécution des dispositions des numéros 1, 2, 3, 5 et 6 du premier paragraphe de l'article 2, et des numéros 1, 2 et 3 du deuxième paragraphe du même article, est

punie d'une amende de cinq francs à trente francs.

5. Toute contravention aux règlements rendus en exécution des dispositions des numéros 4 et 5 du deuxième paragraphe de l'article 2 est punie d'une amende de six francs à dix francs et d'un emprisonnement d'un à trois jours. En cas de récidive, l'amende pourra être portée à quinze francs et l'emprisonnement à cinq jours.

6. Toute contravention aux règlements rendus en vertu du troisième paragraphe de l'article 2 est punie d'une amende de seize francs à deux cents francs et d'un emprisonnement de six à dix jours.

7. Tout propriétaire d'une voiture circulant sur des voies publiques sans qu'elle soit munie de la plaque prescrite par l'art. 3 et par les règlements rendus en exécution du n° 4 du premier paragraphe de l'article 2, sera puni d'une amende de six francs à quinze francs, et le conducteur d'une amende d'un franc à cinq francs.

8. Tout propriétaire ou conducteur de voiture qui aura fait usage d'une plaque portant un nom ou un domicile faux ou supposé, sera puni d'une amende de cinquante francs à deux cents francs et d'un emprisonnement de six jours au moins et de six mois au plus.

La même peine sera applicable à celui qui, conduisant une voiture dépourvue de plaque, aura déclaré un nom ou domicile autre que le sien ou que celui du propriétaire pour le compte duquel la voiture est conduite.

9. Lorsque, par la faute, la négligence ou l'imprudence du conducteur, une voiture aura causé un dommage quelconque à une route ou à ses dépendances, le conducteur sera condamné à une amende de trois francs à cinquante francs.

Il sera, de plus, condamné aux frais de la réparation.

10. Sera puni d'une amende de seize francs à cent francs, indépendamment de celle qu'il pourrait avoir encourue pour tout autre cause, tout voiturier ou conducteur qui, sommé de s'arrêter par l'un des fonctionnaires ou agents chargés de constater les contraventions, refuserait d'obtempérer à cette sommation et de se soumettre aux vérifications prescrites.

11. Les dispositions du livre III, titre Ier, chapitre III section 4, paragraphe 2, du Code pénal, sont applicables en cas d'outrages ou de violences envers les fonctionnaires ou agents chargés de constater les délits et contraventions prévus par la présente loi.

12. Lorsqu'une même contravention ou un

même délit prévu aux articles 4, 7 et 8, a été constaté à plusieurs reprises, il n'est prononcé qu'une seule condamnation, pourvu qu'il ne se soit pas écoulé plus de vingt-quatre heures entre la première et la dernière constatation.

Lorsqu'une même contravention ou un même délit prévu à l'article 6 a été constaté à plusieurs reprises pendant le parcours d'un même relais, il n'est prononcé qu'une seule condamnation.

Sauf les exceptions mentionnées au présent article, lorsqu'il aura été dressé plusieurs procès-verbaux de contravention, il sera prononcé autant de condamnations qu'il y aura eu de contraventions constatées.

13. Tout propriétaire de voiture est responsable des amendes, des dommages-intérêts et des frais de réparation prononcés en vertu des articles du présent titre, contre toute personne préposée par lui à la conduite de sa voiture.

Si la voiture n'a pas été conduite par ordre et pour le compte du propriétaire, la responsabilité est encourue par celui qui a préposé le conducteur.

14. Les dispositions de l'article 483 du Code pénal sont applicables dans tous les cas

1.

où les tribunaux correctionnels ou de simple police prononcent en vertu de la présente loi.

TITRE III.

DE LA PROCÉDURE.

15. Sont spécialement chargés de constater les contraventions et délits prévus par la présente loi les conducteurs ; agents voyers, cantonniers, chefs et autres employés du service des ponts et chaussées ou des chemins vicinaux de grande communication commissionnés à cet effet, les gendarmes, les gardes champêtres ; les employés des contributions indirectes, agents forestiers ou des douanes et employés des poids et mesures ayant droit de verbaliser, et les employés des octrois ayant le même droit.

Peuvent également constater les contraventions et les délits prévus par la présente loi maires et les adjoints, les commissaires et les agents assermentés de police, les ingénieurs des ponts et chaussées, les officiers et sous-officiers de gendarmerie, et toute personne commissionnée par l'autorité départementale pour la surveillance de l'entretien des voies de communication.

Les dommages prévus à l'article 9 sont constatés, pour les routes nationales et départe-

mentales, par les ingénieurs, conducteurs et
autres employés des ponts et chaussées commissionnés à cet effet, et, pour les chemins
vicinaux de grande communication, par les
agents voyers, sans préjudice du droit réservé
à tous les fonctionnaires et agents mentionnés
au présent article de dresser procès-verbal du
fait de dégradation qui aurait lieu en leur
présence.

Les procès-verbaux dressés en vertu du
présent article font foi jusqu'à preuve con-
traire.

16. Les contraventions prévues par les
articles 4 et 6 ne peuvent, en ce qui concerne
les voitures publiques allant au trot, être
constatées qu'aux lieux de départ, d'arrivée,
de relais et de stations desdites voitures, ou
aux barrières d'octroi, sauf toutefois celles
qui concernent le nombre des voyageurs, le
mode de conduite des voitures, la police des
conducteurs, cochers ou postillons, et les
modes d'enrayage.

17. Les contraventions prévues par les articles 4 et 9 sont jugées par le conseil de préfecture du département où le procès-verbal a
été dressé.

Tous les autres délits ou contraventions
prévus par la présente loi sont de la compétence des tribunaux.

18. Les procès-verbaux rédigés par les agents mentionnés au paragraphe 1er de l'article 15 ci-dessus doivent être affirmés dans les trois jours, à peine de nullité, devant le juge de paix du canton ou devant le maire de la commune, soit du domicile de l'agent qui a verbalisé, soit du lieu où la contravention a été constatée (1).

19. Les procès-verbaux doivent être enregistrés en débet dans les trois jours de leur date ou de leur affirmation, à peine de nulli-té (1).

20. Toutes les fois que le contrevenant n'est pas domicilié en France, la voiture est provisoirement retenue, et le procès-verbal est immédiatement porté à la connaissance du maire de la commune où il a été dressé, ou de la commune la plus proche sur la route que suit le prévenu.

Le maire arbitre provisoirement le montant de l'amende, et, s'il y a lieu, des frais de réparation, et il en ordonne la consignation immédiate, à moins qu'il ne lui soit présenté une caution solvable.

A défaut de consignation ou de caution, la

---

(1) Loi du 17 juillet 1856, article unique :
A l'avenir, les procès-verbaux dressés par les briga-diers de gendarmerie et les gendarmes ne seront, dans aucun cas, assujettis à l'affirmation.

voiture est retenue jusqu'à ce qu'il ait été statué sur le procès-verbal. Les frais qui en résultent sont à la charge du propriétaire.

Le contrevenant est tenu d'élire domicile dans le département du lieu où la contravention a été constatée. A défaut d'élection de domicile, toute notification lui sera valablement faite au secrétariat de la commune dont le maire aura arbitré l'amende ou les frais de réparation.

21. Lorsqu'une voiture est dépourvue de plaque, et que le propriétaire n'est pas connu, il est procédé conformément aux trois premiers paragraphes de l'article précédent.

Il en est de même dans le cas de procès-verbal dressé à raison de l'un des délits prévus à l'article 8.

Il sera procédé de la même manière à l'égard de tout conducteur de voiture de roulage ou de messageries inconnu dans le lieu où il serait pris en contravention, et qui ne serait point régulièrement muni d'un passeport, d'un livret ou d'une feuille de route, à moins qu'il ne justifie que la voiture appartient à une entreprise de roulage ou de messageries, ou qu'il ne résulte des lettres de voiture ou des autres papiers qu'il aurait en sa possession que la voiture appartient à celui dont le domicile serait indiqué sur la plaque.

1.

22. Le procès-verbal est adressé, dans les deux jours de l'enregistrement, au sous-préfet de l'arrondissement.

Le sous-préfet le transmet, dans les deux jours de sa réception, au préfet, s'il s'agit d'une contravention de la compétence des conseils de préfecture, ou au procureur de la République, s'il s'agit d'une contravention de la compétence des tribunaux.

23. S'il s'agit d'une contravention de la compétence du conseil de préfecture, copie du procès-verbal, ainsi que de l'affirmation, quand elle est prescrite, est notifiée avec citation, par la voie administrative, au domicile du propriétaire, tel qu'il est indiqué sur la plaque, ou tel qu'il a été indiqué par le contrevenant, et quand il y a lieu, à celui du conducteur.

Cette notification a lieu dans le mois de l'enregistrement, à peine de déchéance.

Le délai est étendu à deux mois, lorsque le contrevenant n'est pas domicilié dans le département où la contravention a été constatée; il est étendu à un an, lorsque le domicile du contrevenant n'a pas pu être constaté au moment du procès-verbal.

Si le domicile du conducteur est resté inconnu, toute notification qui lui est faite au domicile du propriétaire est valable.

24. Le prévenu est tenu de produire, dans le délai de trente jours, ses moyens de défense devant le conseil de préfecture.

Ce délai court à compter de la date de la notification du procès-verbal. Mention en est faite dans ladite notification.

A l'expiration du délai fixé, le conseil de préfecture prononce, lors même que les moyens de défense n'auraient pas été produits.

Son arrêté est notifié au contrevenant dans la forme administrative, dix jours au moins avant toute exécution. Si la condamnation a été prononcée par défaut, la notification faite au domicile énoncé sur la plaque est valable.

L'opposition à l'arrêté rendu par défaut devra être formée dans le délai de quarante jours, à compter de la date de la notification.

25. Le recours au conseil d'Etat contre l'arrêté du conseil de préfecture peut avoir lieu par simple mémoire déposé au secrétariat général de la préfecture ou à la sous-préfecture, et sans l'intervention d'un avocat au conseil d'Etat.

Il sera délivré au déposant récépissé du mémoire, qui devra être immédiatement transmis par le préfet.

Si le recours est formé au nom de l'administration, il devra l'être dans les trois mois de la date de l'arrêté.

26. L'instance à raison des contraventions de la compétence des conseils de préfecture est périmée par six mois, à compter de la date du dernier acte des poursuites, et l'action publique est éteinte, à moins de fausses indications sur la plaque, ou de fausse déclaration en cas d'absence de plaque.

27. Les amendes se prescrivent par une année, à compter de la date de l'arrêté du conseil de préfecture, ou à compter de la décision du conseil d'Etat, si le pourvoi a eu lieu.

En cas de fausses indications sur la plaque ou de fausses déclarations de nom ou de domicile, la prescription n'est acquise qu'après cinq années.

28. Lorsque le procès-verbal constatant le délit ou la contravention a été dressé par l'un des agents désignés au paragraphe 1er de l'article 15, le tiers de l'amende prononcée appartient audit agent, à moins qu'il ne s'agisse d'une contravention ou d'un délit prévu aux articles 10 et 11.

Les deux autres tiers sont attribués soit au trésor public, soit au département, soit aux communes intéressées, selon que la contravention ou le dommage concerne une route nationale, une route départementale ou un chemin vicinal de grande communication. Il en est de même du total des frais de réparation réglés en vertu de l'article 9, ainsi que du total de l'amende, lorsqu'il n'y a pas lieu d'appliquer les dispositions du paragraphe 1er du présent article (1).

TITRE IV.

29. Sont et demeurent abrogés, à dater de la promulgation de la présente loi :

La loi du 29 floréal an x (19 mai 1802) relative à la police du roulage ;

La loi du 7 ventose an xii (27 février 1804);

Le décret du 23 juin 1806,

Ainsi que toutes les autres dispositions contraires à celles de la présente loi.

Continueront d'être exécutées, jusqu'à la promulgation des règlements d'administration publique à établir en vertu de l'article 2, celles des dispositions aujourd'hui en vigueur que ces règlements d'administration publique ont pour objet de modifier ou de remplacer. Toutefois, en ce qui concerne les juridictions et la pénalité, les dispositions de la présente loi seront immédiatement applicables.

---

(1) Ces dispositions ne sont pas applicables aux voitures particulières, ni aux voitures trouvées sur les chemins vicinaux.

1...

TITRE V.

30. Amnistie est accordée pour les peines encourues ou prononcées à raison de surcharge ou de défaut de largeur de jantes.

Cette amnistie n'est point applicable aux frais avancés par l'État ni à la part attribuée par les lois et règlements, sur le montant des amendes prononcées, aux divers agents qui ont constaté les contraventions.

Les sommes recouvrées, avant la promulgation de la présente loi, en vertu des décisions des conseils de préfecture, ne seront pas restituées.

Délibéré en séance publique, à Paris, les 12-30 avril et 30 mai 1851.

Le président et les secrétaires,

Signé : Dupin, Lacaze, Chapot, Peupin, Bérard, Yvan, Moulin.

La présente loi sera promulguée et scellée du sceau de l'Etat.

Le président de la République,

Signé : LOUIS-NAPOLÉON BONAPARTE.

Le garde des sceaux, ministre de la justice,

Signé : E. Rouher.

RÈGLEMENT *d'administration publique, en exécu-tion de la loi du 30 mai 1851, sur la Police du Roulage et des Messageries publiques.*

LOUIS-NAPOLÉON, Président de la Ré-publique française,

Sur le rapport du ministre des travaux publics ;

Vu l'art. 2 de la loi du 30 mai 1851 sur la police du roulage et des messageries publiques,

Le Conseil d'Etat entendu,

Décrète :

TITRE PREMIER. — *Dispositions applicables à toutes les voitures.*

Art. 1er. Les essieux des voitures ne pourront avoir plus de $2^m,50$ (deux mètres cinquante cen-timètres) de longueur, ni dépasser à leurs extré-mités le moyeu de plus de $0^m,06$ (six centimètres). La saillie des moyeux, y compris celle de l'essieu, n'excédera pas de plus de $0^m,12$ (douze centimè-tres) le plan passant par le bord extérieur des bandes. Il est accordé une tolérance de $0^m,02$ (deux centimètres) sur cette saillie, pour les roues qui ont déjà fait un certain service.

Art. 2. Il est expressément défendu d'employer des clous à tête de diamant. Tout clou de bande sera rivé à plat, et ne pourra, lorsqu'il sera posé à

1....

neuf, former une saillie de plus de 0^m,05 (cinq millimètres).

Art. 3. Il ne peut être attelé : 1° Aux voitures servant au transport des marchandises, plus de cinq chevaux si elles sont à deux roues; plus de huit si elles sont à quatre roues, sans qu'il puisse y avoir plus de cinq chevaux de file; 2° aux voitures servant au transport des personnes, plus de trois chevaux si elles sont à deux roues; plus de six si elles sont à quatre roues (1).

Art. 4. Lorsqu'il y aura lieu de transporter des blocs de pierre, des locomotives ou autres objets d'un poids considérable, l'emploi d'un attelage exceptionnel pourra être autorisé, sur l'avis des ingénieurs ou des agents voyers, par les préfets des départements traversés.

Art. 5. Les prescriptions de l'art. 3 ne sont pas applicables sur les parties de routes ou de chemins vicinaux de grande communication affectés de rampes d'une déclivité ou d'une longueur exceptionnelle. Les limites de ces parties de routes ou de chemins sur lesquels l'emploi de chevaux de renfort est autorisé sont déterminées par un arrêté du préfet, sur la proposition de l'ingénieur en chef ou de l'agent voyer en chef du département, et indiquées sur la place par des poteaux portant cette inscription : *chevaux de renfort*. Pour les voitures marchant avec relais réguliers et servant au transport des personnes

(1) Les voitures particulières ne tombent pas sous l'application de cette loi. (Cass., 8 février 1856.)

ou des marchandises, la faculté d'atteler des chevaux de renfort s'étend à toute la longueur des relais dans lesquels sont placés les poteaux. L'emploi de chevaux de renfort peut être autorisé temporairement sur les parties de routes ou de chemins de grande comunication, lorsque, par suite de travaux de réparation ou d'autres circonstances accidentelles, cette mesure sera nécessaire. Dans ce cas, le préfet fera placer des poteaux provisoires.

Art. 6. En temps de neige ou de verglas, les prescriptions relatives à la limitation du nombre des chevaux demeurent suspendues.

Art. 7. Cet article, modifié d'abord par le décret du 24 février 1858, a été remplacé par le décret du 29 août 1864 ainsi conçu :

« Art. 1er. Le ministre des travaux publics détermine les départements dans lesquels il pourra être établi, sur les routes impériales et départementales, des barrières pour restreindre la circulation pendant le dégel.

« Les préfets, dans chaque département, déterminent les routes impériales et départementales, ainsi que les chemins vicinaux de grande communication sur lesquels ces barrières pourront être établies.

« Ils prennent, sur l'avis des ingénieurs des ponts et chaussées ou des agents voyers, les mesures que la fermeture ou l'ouverture des barrières rendent nécessaires.

« Peuvent seuls circuler pendant la fermeture des barrières de dégel :

« 1° Les courriers de la malle ;

« 2° Les voitures de voyage suspendues étrangères à toute entreprise de messageries ;

« 3° Les voitures non chargées ;

« 4° Les voitures chargées, montées sur roues à jantes d'au moins 11 centimètres de largeur et dont l'attelage n'excèdera pas le nombre de chevaux qui sera fixé par le préfet, à raison du climat, du mode de construction et de l'état des chaussées, de la nature du sol, du nombre des roues de la voiture et des autres circonstances locales.

« Toute voiture prise en contravention aux dispositions du présent article sera arrêtée et les chevaux seront mis en fourrière dans l'auberge la plus rapprochée, le tout sans préjudice de l'amende stipulée à l'art. 4, tit. II, de la loi du 30 mai 1851, et des frais de réparation mentionnés dans l'art. 9 de ladite loi.

« Les préfets rendront compte immédiatement à notre ministre de l'agriculture, du commerce et des travaux publics, des mesures qu'ils auront arrêtées en vertu du présent décret.

« Sont et demeurent rapportés l'art. 7 de notre décret du 10 août 1852 et l'art. 1er de notre décret du 24 février 1858. »

Art. 8. Pendant la traversée des ponts suspendus, les chevaux seront mis au pas ; les voi-
turiers ou rouliers tiendront les guides ou le cor-
deau ; les conducteurs et postillons resteront sur
leurs siéges.

Défense est faite aux rouliers et autres voitu-
riers de dételer aucun de leurs chevaux pour
le passage du pont.

Toute voiture attelée de plus de cinq chevaux
ne doit pas s'engager sur le tablier d'une travée,
quand il y a déjà sur cette travée une voiture d'un attelage supérieur à ce nombre de
chevaux.

Pour les ponts suspendus qui n'offriraient pas
toutes les garanties nécessaires pour le passage
des voitures lourdement chargées, il pourra être
adopté par le ministre des travaux publics ou
par le ministre de l'intérieur, chacun en ce qui
le concerne, telles autres dispositions qui seront
jugées nécessaires.

Dans les circonstances urgentes, les préfets
et les maires pourront prendre telles mesures
que leur paraîtra commander la sûreté publique, sauf à rendre compte à l'autorité supé-
rieure.

Les mesures prescrites pour la protection des
ponts suspendus seront, dans tous les cas, pla-
cardées à l'entrée et à la sortie de ces ponts.

Art. 9. Tout roulier ou conducteur de voiture
doit se ranger à sa droite à l'approche de toute

autre voiture, de manière à lui laisser libre la moitié de la chaussée.

Art. 10. Il est interdit de laisser stationner sans nécessité sur la voie publique aucune voiture attelée ou non attelée.

TITRE II. — *Dispositions applicables aux voitures ne servant pas au transport des personnes.*

Art. 11. La largeur du chargement des voitures qui ne servent pas au transport des personnes ne peut excéder 2^m,50 (deux mètres cinquante centimètres). Toutefois, les préfets des départements traversés peuvent délivrer des permis de circulation pour les objets d'un grand volume qui ne seraient pas susceptibles d'être chargés dans ces conditions. Sont affranchies, conformément à la loi du 30 mai 1851, de toute réglementation de largeur de chargement, les voitures d'agriculture, lorsqu'elles sont employées au transport des récoltes de la ferme aux champs, et des champs à la ferme ou au marché.

Art. 12. La largeur des colliers de chevaux ou autres bêtes de trait ne peut dépasser 0^m,90 (quatre-vingt-dix centimètres), mesurés entre les points les plus saillants des pattes des attelles.

Art. 13. Lorsque plusieurs voitures marchent à la suite les unes des autres, elles doivent être distribuées en convois de quatre voitures au plus, si elles sont à quatre roues et attelées d'un seul cheval ; de trois voitures au plus si elles sont à deux roues et attelées d'un seul cheval ; et de deux voitures au plus si l'une d'elles est attelée de plus d'un cheval. L'intervalle d'un convoi à l'autre ne peut être moindre de cinquante mètres (1).

Art. 14. Tout voiturier ou conducteur doit se tenir constamment à portée de ses chevaux ou bêtes de trait et en position de les guider. Il est interdit de faire conduire par un seul conducteur plus de quatre voitures à un cheval si elles sont à quatre roues, et plus de trois voitures à un cheval si elles sont à deux roues. Chaque voiture attelée de plus d'un cheval doit avoir un conducteur. Toutefois, une voiture dont le cheval est attaché derrière une voiture attelée de quatre chevaux au plus, n'a pas besoin d'un conducteur particulier (2). Les règlements de police municipale détermineront, en ce qui concerne la traverse des villes, bourgs et villages, les restrictions qui peuvent être apportées aux dispositions du présent article et de celui qui précède.

Art. 15. Aucune voiture marchant isolément ou en tête d'un convoi ne pourra circuler pendant la nuit sans être pourvue d'un fallot ou d'une lanterne allumée. Cette disposition pourra

(1) Les préfets pourront restreindre, lorsque la dimension des objets transportés donnera au convoi une largeur nuisible à la liberté ou à la sûreté de la circulation, le nombre de voitures dont cet article permet la réunion en convoi. Leurs arrêtés seront affichés sur les parties de routes auxquelles ils s'appliquent. — Décret du 24 février 1858.

(2) Les attelages de bœufs seront soumis aux mêmes conditions. (Cass., 30 novembre 1861.)

être appliquée aux voitures d'agriculture par des arrêtés des préfets ou des maires (1).

Art. 16. Tout propriétaire de voiture ne servant pas au transport des personnes, est tenu de faire placer, en avant des roues et au côté gauche de sa voiture, une plaque métallique portant en caractères apparents et lisibles, ayant au moins $0^m,005$ (cinq millimètres) de hauteur, ses nom, prénoms et profession, les noms de la commune, du canton et du département de son domicile.

Sont exceptées de cette disposition, conformément à la loi du 30 mai 1851 : 1° les voitures particulières destinées au transport des personnes, mais étrangères à un service public des messageries ; 2° les malles-postes et autres voitures appartenant à l'administration des postes ; 3° les voitures d'artillerie, chariots et fourgons appartenant aux départements de la guerre et de la marine. Des décrets du président de la République déterminent les marques distinctives que doivent porter les voitures désignées aux §§ 2 et 3, et les titres dont les conducteurs doivent être munis ; 4° les voitures employées à la culture des terres, au transport des récoltes, à l'exploitation des fermes, qui se rendent de la ferme aux champs ou des champs à la ferme, ou qui servent au transport des objets récoltés, du lieu où ils

---

(1) Les préfets pourront appliquer, par des arrêtés spéciaux, aux voitures particulières servant au transport des personnes, les dispositions du 1er paragraphe de cet article. — Décret du 24 février 1858.

ont été recueillis jusqu'à celui où, pour les conserver et les manipuler, le cultivateur les dépose ou les rassemble.

TITRE III. — *Dispositions applicables aux voitures des messageries.*

Art. 17. Les entrepreneurs des voitures publiques, allant à destination fixe, déclareront le siége principal de leur établissement, le nombre de leurs voitures, celui des places qu'elles contiennent, le lieu de destination, les jours et heures de départ et d'arrivée. Cette déclaration sera faite, dans le département de la Seine, au préfet de police, et, dans les autres départements, aux préfets ou sous-préfets. Ces formalités ne seront obligatoires pour les entrepreneurs actuels qu'au renouvellement de leurs voitures, ou lorsqu'ils en modifieront la forme ou la contenance. Tout changement aux dispositions arrêtées par suite du premier paragraphe du présent article, donnera lieu à une déclaration nouvelle (1).

Art. 18. Aussitôt après les déclarations faites, en vertu des paragraphes 1 et 2 de l'article précédent, le préfet ou le sous-préfet ordonne la visite des voitures, afin de constater si elles sont entièrement conformes à ce qui est prescrit par les articles ci-après, de 19 à 29 inclusivement, et si elles ne présentent aucun vice de constructions qui puisse occasionner des accidents. Cette visite,

(1) Les voitures louées à des personnes qui les conduisent elles-mêmes ne sont pas considérées comme voitures publiques.

qui pourra être renouvelée toutes les fois que l'autorité le jugera nécessaire, sera faite en présence du commissaire de police, par un expert nommé par le préfet ou le sous-préfet. L'entrepreneur a la faculté de nommer, de son côté, un expert pour opérer contradictoirement avec celui de l'administration. La visite des voitures ne peut être faite qu'à l'un des principaux établissements de l'entreprise; les frais sont à la charge de l'entrepreneur. Le préfet prononce sur le vu du procès-verbal d'expertise et du rapport du commissaire de police. Aucune voiture ne peut être mise en circulation avant la délivrance de l'autorisation du préfet.

Art. 19. Le préfet transmet au directeur des contributions indirectes copie par extrait des autorisations par lui accordées en vertu de l'article précédent. L'estampille prescrite par l'art. 117 de la loi du 25 mars 1817 n'est délivrée que sur le vu de cette autorisation, qui doit être inscrite sur un registre spécial.

Art. 20. La largeur de la voie pour les voitures publiques est fixée au minimum à 1^m,65 (un mètre soixante-cinq centimètres) entre le milieu des jantes de la partie des roues reposant sur le sol. Toutefois, si les voitures sont à quatre roues, la voie de devant pourra être réduite à 1^m,55 (un mètre cinquante-cinq centimètres). En pays de montagnes, les entrepreneurs peuvent être autorisés par les préfets, sur l'avis des ingénieurs ou des agents voyers, à employer des largeurs de voies moindres que celles réglées par les paragraphes précédents, mais à la condition que les voies seront au moins égales à la voie la plus large des voitures en usage dans la contrée.

Art. 21. La distance entre les axes des deux essieux, dans les voitures publiques à quatre roues, sera égale au moins à la moitié de la longueur des caisses, mesurées à la hauteur de leur ceinture, sans pouvoir néanmoins descendre au-dessous de 1ᵐ,55 (un mètre cinquante-cinq centimètres).

Art. 22. Le maximum de la hauteur des voitures publiques, depuis le sol jusqu'à la partie la plus élevée du chargement, est fixé à 3ᵐ (trois mètres) pour les voitures à quatre roues, et à 2ᵐ,60 (deux mètres soixante centimètres), pour les voitures à deux roues. — Il est accordé, pour les voitures à quatre roues, une augmentation de 0ᵐ,10 (dix centimètres), si elles sont pourvues à l'avant-train de sassoires et contre-sassoires, formant chacune au moins un demi-cercle de 1ᵐ,15 (un mètre quinze centimètres) de diamètre, ayant la cheville ouvrière pour centre. Lorsque, par application du troisième paragraphe de l'art. 20, on autorisera une réduction dans la largeur de la voie, le rapport de la hauteur de la voiture avec la largeur de la voie sera, au maximum, de 1 3/4. Dans tous les cas, la hauteur est réglée par une traverse en fer, placée au milieu de la longueur affectée au chargement, et dont les montants, au moment de la visite prescrite par l'art. 17, sont marqués d'une estampille constatant qu'ils ne dépassent pas la hauteur voulue; ils doivent, ainsi que la traverse, être constamment apparents. — La bâche qui recouvre le chargement ne peut déborder ces montants, ni la hauteur de la traverse. — Il est défendu d'attacher aucun objet en dehors de la bâche.

Art. 23. Les compartiments des voitures publiques seront disposés de manière à satisfaire aux conditions suivantes :

Largeur moyenne des places, 0^m,48 (quarante-huit centimètres) ;

Largeur des banquettes, 0^m,45 (quarante-cinq centimètres) ;

Distance entre deux banquettes, 0^m,45 (quarante-cinq centimètres) ;

Distance entre la banquette du coupé et le devant de la voiture, 0^m,35 (trente-cinq centimètres) ;

Hauteur du pavillon au-dessus du fond de la voiture, 1^m,40 (un mètre quarante centimètres) ;

Hauteur des banquettes, y compris le coussin, 0^m,40 (quarante centimètres). — Pour les voitures parcourant moins de vingt kilomètres et pour les banquettes à plus de trois places, la largeur moyenne des places pourra être réduite à 0^m,40 (quarante centimètres).

Art. 24. Il peut être placé sur l'impériale une banquette destinée au conducteur et à deux voyageurs, ou à trois voyageurs, lorsque le conducteur se placera sur le même siége que le cocher. Cette banquette, dont la hauteur, y compris le coussin, ne dépassera pas 0^m,30 (trente centimè-

tres), ne peut être recouverte que d'une capote
flexible. Aucun paquet ne peut être chargé sur
cette banquette.

Art. 25. Le coupé et l'intérieur auront une
portière de chaque côté. La caisse de derrière ou
la rotonde peut n'avoir qu'une portière ouverte
à l'arrière. Chaque portière sera garnie d'un
marchepied.

Art. 26. Les essieux seront en fer corroyé, de
bonne qualité, et arrêtés à chaque extrémité,
soit par un écrou assujetti au moyen d'une cla-
vette, soit par une boîte à huile, fixée par quatre
boulons traversant la longueur du moyeu, soit
pour tout autre système qui serait approuvé par
le ministre des travaux publics.

Art. 27. Toute voiture publique doit être
munie d'une machine à enrayer agissant sur les
roues de derrière et disposée de manière à pouvoir être manœuvrée de la place assignée au conducteur. Les voitures doivent être en outre
pourvues d'un sabot et d'une chaîne d'enrayage,
que le conducteur placera à chaque descente
rapide. Les préfets peuvent dispenser de l'emploi de ces appareils les voitures qui parcourent
uniquement des pays de plaine.

Art. 28. Pendant la nuit, les voitures publiques
seront éclairées par une lanterne à réflecteur,
placée à droite et à l'avant de la voiture.

Art. 29. Chaque voiture porte à l'extérieur
dans un endroit apparent, indépendamment de

l'estampille délivrée par l'administration des contributions indirectes, le nom et le domicile de l'entrepreneur, et l'indication du nombre des places de chaque compartiment.

Art. 30. Elle porte à l'intérieur des compartiments : 1º le numéro de chaque place ; 2º le prix de la place depuis le lieu du départ jusqu'à celui d'arrivée. L'entrepreneur ne peut admettre dans les compartiments de ses voitures un plus grand nombre de voyageurs que celui indiqué sur les panneaux, conformément à l'art. 29.

Art. 31. Chaque entrepreneur inscrit sur un registre coté et paraphé par le maire le nom des voyageurs qu'il transporte; il y inscrit également les ballots et paquets dont le transport lui est confié. Il remet au conducteur, pour lui servir de feuille de route, une copie de cet enregistrement, et à chaque voyageur un extrait en ce qui le concerne, avec le numéro de sa place.

Art. 32. Les conducteurs ne peuvent prendre en route aucun voyageur, ni recevoir aucun paquet sans en faire mention sur les feuilles de route qui leur ont été remises au point de départ.

Art. 33. Toute voiture publique dont l'attelage ne présentera de front que deux rangs de chevaux pourra être conduite par un seul postillon ou un seul cocher. Elle devra être conduite par deux postillons ou par un cocher et un postillon, lorsque l'attelage comportera plus de deux rangs de chevaux.

Art. 34. Les postillons ou cochers ne pourront, sous aucun prétexte, descendre de leurs chevaux ou de leurs siéges. Il leur est enjoint d'observer, dans les traversées des villes et des villages, les règlements de police concernant la circulation dans les rues. Dans les haltes, le conducteur et le postillon ne peuvent quitter en même temps la voiture tant qu'elle reste attelée. Avant de remonter sur son siége, le conducteur doit s'assurer que les portières sont exactement fermées.

Art. 35. — Lorsque, contrairement à l'art. 9 du présent décret, un roulier ou conducteur de voiture n'aura pas cédé la moitié de la chaussée à une voiture publique, le conducteur ou postillon qui aurait à se plaindre de cette contravention devra en faire la déclaration à l'officier de police du lieu le plus rapproché, en faisant connaître le nom du voiturier d'après la plaque de sa voiture. Les procès-verbaux de contravention seront sur-le-champ transmis au procureur de la République, qui fera poursuivre les délinquants.

Art. 36. Les entrepreneurs de voitures publiques, autres que celles conduites par les maîtres de postes, feront, à Paris, à la Préfecture de police, et, dans les départements, à la préfecture ou sous-préfecture du lieu où sont établis leurs relais, la déclaration des lieux où ces relais sont situés et du nom des relayeurs. Une déclaration semblable sera faite chaque fois que les entrepreneurs traiteront avec un nouveau relayeur.

Art. 37. Les relayeurs ou leurs préposés seront présents à l'arrivée et au départ de chaque voiture, et s'assureront par eux-mêmes, et sous leur responsabilité, que les postillons ne sont pas en état d'ivresse. La tenue des relais, en tout ce qui intéresse la sûreté des voyageurs, est surveillée, à Paris, par le préfet de police, et, dans les départements, par les maires des communes où ces relais se trouvent établis.

Art. 38. Nul ne peut être admis comme postillon ou cocher, s'il n'est âgé de seize ans au moins et porteur d'un livret délivré par le maire de la commune de son domicile, attestant ses bonnes vie et mœurs, et son aptitude pour le métier qu'il veut exercer.

Art. 39. A chaque bureau de départ et d'arrivée, et à chaque relais, il y a un registre coté et paraphé par le maire, pour l'inscription des plaintes que les voyageurs peuvent avoir à former contre les conducteurs, postillons ou cochers. Ce registre est présenté aux voyageurs à toute réquisition par le chef de bureau ou par le relayeur. Les maîtres de postes qui conduisent des voitures publiques présentent, aux voyageurs qui le requièrent, le registre qu'ils sont obligés de tenir d'après le règlement des postes.

Art. 40. Les dispositions qui précèdent ne sont pas applicables aux malles-postes destinées au transport de la correspondance du Gouvernement et du public, la forme, les dimensions, le chargement et le mode de conduite de ces voitures étant déterminés par des règlements particuliers. Les voitures des entrepreneurs qui transportent les dépêches ne sont pas considérées comme malles-postes.

Art. 41. Les voitures publiques qui desservent les routes des pays voisins, et qui partent des villes frontières ou qui arrivent, ne sont pas soumises aux règles ci-dessus prescrites. Elles doivent, toutefois, être solidement construites.

Art. 42. Les articles ci-dessus, de 16 à 38, seront constamment placardés, à la diligence des entrepreneurs des voitures publiques, dans le lieu le plus apparent des bureaux de relais.

Les articles de 28 à 38 inclusivement, seront imprimés à part et affichés dans l'intérieur de chacun des compartiments des voitures.

TITRE IV. — *Dispositions transitoires.*

Art. 43. — Il est accordé un délai de deux ans, à partir de la promulgation du présent décret, pour l'exécution de l'art. 12, relatif à la saillie des colliers.

Art. 44. Les contraventions au présent règlement seront constatées, poursuivies et réprimées conformément aux titres II et III de la loi du 30 mai 1851, sans préjudice des mesures spéciales prescrites par les règlements locaux.

Art. 45. Les ordonnances des 23 décemb. 1816 et 16 juillet 1828 sont et demeurent rapportées.

Art. 46. Les ministres des travaux publics, de l'intérieur et des finances sont chargés, chacun en ce qui le concerne, de l'exécution du présent décret, qui sera inséré au *Bulletin des lois*.

Fait au palais des Tuileries, le 10 août 1852.

Signé : L.-NAPOLÉON.

Par le président de la République :

Le ministre des travaux publics,
Signé : P. MAGNE.

TABLE ALPHABÉTIQUE.

C

D

E

F

G

H

I

J

L

LIVRET — De postillon. 38 R.

LOIS — Abrogées par la loi du 30 mai 1851. 29 L.

M

MACHINES — A enrayer. 27 R.

MALLES-POSTES — Ne sont pas soumises aux prescriptions du règlement du 10 août 1852. — Les voitures des entrepreneurs transportant des dépêches ne sont pas considérées comme malles-postes. 40 R.

MOYEUX. — 1 L.

O

OPPOSITION — A un arrêté rendu contre un contrevenant par un conseil de préfecture. — Délai dans lequel il doit être formé. 24 L.

OUTRAGES — Envers les fonctionnaires ou agents chargés de constater les contraventions. 11 L.

P

POIDS. — Les voitures peuvent circuler sans réglementation de poids. 1 L.

POLICE CORRECTIONNELLE — (Contraventions du ressort de la). 2 (§ 3, n°s 1 à 5), 6, 8, 10, 11, 17 L. — 22, 23, 24, 25, 26, 27. — 30 (§ 2), 31, 32, 33, 34, 35, 37, 38, 39 et 41 R.

PONTS — Suspendus. 8 R.

PORTIÈRES. — Comment placées. — Doivent être garnies d'un marchepied. 25 R. — Le conducteur est responsable de leur fermeture. 34 R.

PLACES — Dans les voitures publiques. 23 R.

R

S

V

VISITE — Des voitures publiques avant leur mise en circulation. 18 R.

VOIE. — Sa largeur pour les voitures publiques ; réduction accordée dans les pays de montagne. 20 R.

VOITURES — (De roulage). Nombre de chevaux dont elles peuvent être attelées. 3 R. — Abandon. 10 R. — Largeur de chargement. 11 R. — Formant convoi. 13 R. — V. Attelage. — Voiture dont le cheval est attaché derrière une autre. — Voiture attelée de quatre chevaux n'a pas besoin d'un conducteur particulier. 14 R. — Doivent être éclairées pendant la nuit. 15 R. — Doivent être munies d'une plaque. 3, 8 L. 16 R.

VOITURES — (De messageries). Largeur de la voie. 20 R. — Distance entre les axes, 21 R. — Hauteur des voitures. 22 R. — Disposition de leurs compartiments 23 R. — Impériale. 24 R. — Portières. 25 R. — Essieux. 26 R. — Machine à enrayer. 27 R. — Doivent être éclairées pendant la nuit. 28 R. — Doivent porter à l'extérieur le nom, etc., de l'entrepreneur. 29 R. — Et le nombre de places de chaque compartiment. 30 R. — Partant des frontières pour l'étranger ne sont pas soumises aux règles prescrites pour les voitures de l'intérieur. 41 R. — Les voitures à volonté conduites par les individus à qui elles sont louées ne sont pas considérées comme voitures de messageries. 17 R. (note). — Conduites par des individus âgés de moins de seize ans. 38 R.

VOITURES D'AGRICULTURE. — Définition. 3 L. (§ 2, n° 4).

VOITURES PARTICULIÈRES. — 15 L. 1 R. (note). — Les préfets peuvent appliquer aux voitures particulières des règlements spéciaux. 15 R. (note). — Ces voitures ne sont pas soumises à la loi du 30 mai 1851. 28 L. (note). —

Les voitures à volonté conduites par les individus à qui elles sont louées sont considérées comme voitures particulières. 17 R. (note).

Voiturier — Doit céder la moitié de la route et se tenir à portée de ses chevaux. 9 R. — Refusant d'arrêter pour se soumettre aux vérifications prescrites. 10 L. — Qui outrage un agent. 11 L. — Nombre de voitures qu'il peut conduire. 13 et 14 R. — Non domicilié en France. 20 L.

Paris. — Imp. Léautey.

www.ingramcontent.com/pod-product-compliance
Lightning Source LLC
Chambersburg PA
CBHW071430200326

41520CB00014B/3643